COPYRIGHT © 2016 JERSON LIMA SILVA

COORDENAÇÃO EDITORIAL Renato Rezende
CAPA E PROJETO GRÁFICO Rafael Bucker e Luisa Primo
DIAGRAMAÇÃO Luisa Primo
REVISÃO Leandro Salgueirinho

Dados Internacionais de Catalogação na Publicação (CIP)
(Câmara Brasileira do Livro – SP, Brasil)

Lima Silva, Jerson
1ª ed. - Rio de Janeiro: Editora Circuito, 2016.

ISBN 978-85-64022-90-4

1. Poesia 2. Poesia brasileira 3. Título

| 11-00375 | CDD-869.91 |

Índices para catálogo sistemático:
1. Poesia; poesia brasileira

EDITORA CIRCUITO LTDA.
Tel. 21 981248891
www.editoracircuito.com.br

Quase Poesia

JERSON LIMA SILVA

Para Débora, Juliana, Estevão, Vitor e Ana Luisa

Mas quando mais nada subsiste de um passado remoto, após a morte das criaturas e a destruição das coisas, sozinhos, mais frágeis porém mais vivos, mais imateriais, mais persistentes, mais fiéis, o odor e o sabor permanecem ainda por muito tempo, como almas, lembrando, aguardando, esperando, sobre as ruínas de tudo o mais, e suportando sem ceder, em sua gotícula impalpável, o edifício imenso da recordação.

MARCEL PROUST
Em Busca do Tempo Perdido –
No Caminho de Swann
(Tradução Mario Quintana)

SUMÁRIO

13   QUASE POESIA

14   INFINITUDE

15   AO AVESSO OU À IMAGEM

17   ANTES

18   LIMBO

19   OLHAR INFINITO

20   ESPLENDOR

21   ARDOR DA LEMBRANÇA

22   SEMI-DEUSA

23   TATUAGEM

24   MULHER E VINHO

25   SAUDADE

26   PERDA

27	TEMPO PASSADO
29	PROUST E SAMBA
31	A PERDA DO PASSADO
33	ELEGIA DO FUTURO
35	SCARLETT
36	DESCONHECIDA
38	MINHA NAMORADA
39	PASSADO O TEMPO FUTURO
40	ENCONTROS E DESENCONTROS
41	WONDERLAND
42	PASSAGEM DAS ESTAÇÕES
43	DESENCONTROS DO TEMPO
44	INFINDÁVEL
45	DESESPERO
46	OCEANO PÚRPURO
47	TRAVESSIA
49	ARREBATAMENTO
50	SOLIDÃO
51	INTERIORES

52	O RETORNO
53	O AMOR, O CARNAVAL E A HORA
54	UM POUCO DE TI
55	AUSENTE DE MIM
56	POEMA INACABADO
58	LUMIAR
59	ANIVERSÁRIO
60	VÍCIO VIRTUOSO
61	AUSÊNCIA
62	HORIZONTE
63	ESTRELA DA TARDE (JANELA 15A)
64	SEMSENTIDODESIMESMO
65	PARALELO
66	VIDAMORRTE
67	SONHOS DE UM MUNDO
68	MAGIA VERMELHA
69	MELANCOLIA INVISÍVEL
70	SEDE
71	ESTRELA DO ORIENTE

QUASE POESIA

Quase se chega em algum lugar
Como quase se beija a mulher amada
Vida demasiada, e curta, se alonga na quase eternidade
Múltiplas fantasias colorindo a realidade
Um quase amor brota na solidão

Revelando uma vida afugentada
Um deus quase desvelado
Nos lembra da nossa humanidade terrena
Quase te quero cada parte de ti quase
Sem remorso, que seja toda e perene

Minha parte de realidade despida
Sem medo de não ser quase
Minha mais quase imagem distorcida
Desfocada para conhecer tua intimidade

Talvez não tanto, talvez quase
Porque se quase te adivinho
Luzente madrepérola
Néctar de mil e uma noites em um vinho
Dezenas de milhares de noites de toda uma vida quase

Trespassa esse momento de êxtase, que não é mais quase
Limbo perpétuo de todas as coisas que não se encontram
Que pela beira da realidade perambulam
Nos teus olhos encontram a âncora sagaz
Que aprisiona a beleza e o encanto neste cais
E que se basta, porque já é muito menos quase

INFINITUDE

Infinitas sensações de nortes perdidos
Adornos transmutando a realidade
Em sonhos quase pervertidos
Trazem a ilusão de uma saudade

Agridoce cheiro de uma paixão
Raro perfume que embriaga os sentidos
Anoitece múltiplos amores sem perdão
Cintila a fragilidade de biografias vividas

Se um trem partido para o passado
Resgata beijos emprestados na esquina
Também vacila em longas e incertas jornadas

Se vidas nostálgicas e indistintas
Trafegam por uma nebulosa estrada
Tênues memórias não as deixam olvidadas

AO AVESSO OU À IMAGEM

Ao buscar te alcançar
Imagem refletida no espelho d'água
Caminhos paralelos vislumbram o infinito
Em um universo não Euclidiano
Nossas retas se encontram
Sob olhares de múltiplos arcanjos

E se desejo teu avesso
Hipnotiza-me a tua imagem
Afásico, te adivinho
E em pedaços rejuntados
Componho-me juntando todos os passos

Nessa dança, sobrevive um vício
Talvez um hábito
Auto-memória que banho
Com vinho de uvas mescladas
Sem medo de mais amalgamar essa caminhada

Vida sentida nas suas entranhas
E quando me vejo estacado
Sem saber flutuar
Navio na beira do cais inacabado
Vislumbro o revolto mar

Sem temer a procela
Porque a calmaria, sim, guarda perigos
Morte sem aviso prévio
Chega impiedosa e inimiga

E a atração por essas águas inquietas
Traz vida a um passageiro transitório
Navegá-las em convulsas festas
Incendeia o espírito incorpóreo

Atemporal e ubíqua
Imagens sonhadas
Lembranças de realidades inventadas
E a perenidade desse amor onírico
Contrapõe-se à fugacidade destes versos

ANTES

Faz muito tempo
Que o antes não acorda
Como pressentimento
Assobia na beira da estrada

Entorpece pedras
Desbotadas por olhares desencantados
As cores perderam os ritmos
Os sonhos estão escurecidos
Uma paixão caiu da janela
Antevendo a quebra em mil pedaços

Frustrada por falta de chão
Se perde no espaço
Mais do que vazio
Mais cego que o escuro
Futuros que se abraçam

Desenham histórias
Em tênues tecidos rendados
Compondo redes de anteparo
Para amores tropeçados

LIMBO

O que transita deste lado do mundo
Invade um todo como perdido da sorte
Dilacera a ilusão e suaviza o medo da morte
Como uma fuga, sem pretextos, em estado moribundo

Obra interrompida por decurso de prazo
Tempo esterilizado por um sono inebriante
Estrela para além de um universo habitado por seres atávicos
Busco te conhecer, musa de um sonho acordado e radiante

Marca da permanência de mentes, seres e coisas
Clones descontrolados que do passado sugam toda a essência
Subtraídos de momentos menos duradouros

Sem nomes, mil nomes, não bastam para esta ilógica existência
Nem por um anjo ou uma diva são resgatados
A substância que escapa do íntimo, onde sobeja tua ausência

OLHAR INFINITO

Teus olhos, olhos seus
Que os meus não cansam de seguir
Não cansam de esquecer
Cores de infinito

Penetrantes, cinzelam uma mente alada
Perdição deliciosa de todos os sentidos
Um sonho sonhando realidade
O real transmudado em paisagens idílicas

Os teus olhos verti-azulados
Irradiam um brilho áureo
Matizes ainda não inventados
Como na delicada permanência de uma ária

Trazem a beleza do etílico olhar
Em noite de um primaveril inverno
Fugidio, singelo e espetacular
Compõem infinitos de universo

Buscando lugar nesse mundo
Cravam uma semente de paixão
Às avessas no meu coração
Me cega, transborda e inunda

ESPLENDOR

Luz diáfana que alumia
Memórias cintilantes, de um olhar embriagante
Portadores de segredos intangíveis
Sonho de pandora em transe

Resplandecente objeto de todos os desejos
Eterna valsa de corpos em conjunção
Saudades de todos os tempos:
Passados, futuros e imaginários
Prelúdio de um samba, que suaviza nossos corações

Celebração que a tua existência enseja
Que em flor, todos os deuses ofertam suas bênçãos
Milagre que contesta um credo ateu
Misto de Arcanjo e Mefistófeles

Mulher que invade todos os sentidos
Antecipa a chegada da noite refulgente
Céu iluminado pelo passado amadurecido
Claridade dual de estrelas sem saber inexistentes

Caleidoscópio de cores e cheiros
Essência que adormece todos os medos
Fuga da razão que sombreja mentes e espíritos arrebatados
Como as estrelas, que não sabem que são extintas
Acendem corações apaixonados
Mas que não pertencem a seus destinos

ARDOR DA LEMBRANÇA

Colinas, sulcos e planícies
Terra fecunda e proeminente
Brilho estelar dos olhos de esmeralda
Magma que me acende

Geografia de mulher desvelada
Crepúsculo silente que me inebria
Fragrância emanada do Olimpo
Morada de todas as deidades em vigília

Vênus misteriosa como a noite
Que aguça intrépidas paixões
Gotas de chuva em coalescência
Meu corpo rasgado em múltiplas frações

Paisagem etérea dos meus loucos sonhos
Porto seguro de desejos impuros
Relicário de um amor insano
Natureza dual e obscura

Riacho misterioso e recôndito
Onde espreita o coração febril
Transborda o maior dos sentimentos
Apaixonado, lúbrico e viril

SEMI-DEUSA

Sábia esperança em transe
Quero adivinhar-te em flores
Treslida de milhões e uma noites
Ilumine a vida dos verões sem amores

Se com grande galhardia e ternura
Anuncia os saberes extremos
Semi-Deusa em prantos por todas as agruras
Não vacile diante das estradas terrenas

Busco o teu rastro áureo e fugidio
E deparo-me com um caminho de espelhos errantes
Mas com tua generosidade infinita
Os alinha para orientar este sôfrego passante

Anjo não-alado e gracioso
Amálgama de éter e terra
Suavize os destinos perdidos
Apazigúe todas as guerras

Mas não deixe abrandar a paixão
Cola das nossas substâncias celestes e mundanas
Que em sonhos adelgaçam a razão
E em vida nos tornam mais humanos

TATUAGEM

Vazio, nada, vácuo
Preenchem esse caminho, esse espaço
Entre encontros não marcados
Mistério embebido no tempo
Que insiste em parar
Tornando permanentes os segundos
Gestos
Toques
Olhares
Quebra-cabeças que se arrumam
Em tatuagens no destino
Memórias de uma noite
Que não querem dormir
E se os olhos fecham
Acordam para ti

MULHER E VINHO

Teus olhos semelham as mais raras trufas
Adivinham os gritos dolorosos
Que todos os sentidos perscrutam
Suavizam os caminhos tortuosos

Os sabores delicados anunciam
Revelam a nobreza não antecipada
Lábios arredios e severos pronunciam
Lembranças eternas de uma prova memorável

A terra em que crescestes
Esconde a tua essência silvestre
Enganam quem não sabe da mistura valiosa
Uva, terra, mulher e deidade agrestes

Miscigenadas neste néctar deleitoso
Cada gole indelével e sem limite
Revela aos pedaços indenes
O convite de Baco abençoado por Afrodite

Acentuado na textura do mais etéreo ardor
Comunhão silente em desejos ancestrais
Guardam o sublime sigilo deste vinoso sabor

SAUDADE

Descansa teu sorriso em um olhar carente
Peregrina de lábios florais
Tatua esse beijo efêmero
Elixir para todos os males

Não afasta os teus olhos cindidos
Transgride essa vida frugal
De múltiplos passados não vividos
Sonho de uma noite astral

Adelgaça o peso de caminhos sem alento
Presenteia a boca com a mais doce das ambrosias
Pródiga tempestade para lábios sedentos

Feitiço que atiça os sentidos
E com o encanto do teu cinzel sereno
Vem esculpir lembranças quase perdidas

PERDA

Palavras mescladas neste plano escondido
Universo de estrelas em expansão
Conexões neurais infinitas
Antecipem um enigma que se esconde na imensidão

Almas entrelaçadas em um vasto infinito
Vão marcando o caminho na estrada do tempo
Esperança do retorno nunca perdida
Plangente pesar pelo infinito sofrimento

De histórias interrompidas no chão de Santa Maria
Que alguns versos, uma oração, trazem um pouco de acalento
Para todas as guerras urbanas que teimam continuar infinitas
Gênese de um Deus para provar a humana existência

Transitória passagem dual e adversa
Com saudade do que tropeçou em um destino iníquo
Semi-deuses transitando entre mundos de um multiverso
Uma mãe alinhava a memória de um filho

Uma criança acode para juntar as peças da imagem picotada em infinitos
Quebra-cabeça da vida remontado por suas conexões feéricas
Que por inspiração divina torna-se um Anjo ubíquo
Com seus olhos luzentes iluminam a desértica espera

TEMPO PASSADO

Quanto tempo pouco tempo
Em uma linha circular
E volta para o mesmo ponto
Nodal? Como se não tivesse partido
Veloz? Como se não tivesse parado
Fugaz? Como se fosse eterno
Perene? Como se tivesse morrido
Essa chama que nos queima
Que nos arde e nos marca
Também escapa sem despedida
Sem palavras
Sem gestos
Em silêncio
Mas com a esperança que move os mundos
E os corações que pensam apaixonados
Porque não há mais esperança
Do que as paixões que nos sediam
Que nos movem e que nos matam
Porque morrer ou viver são duas faces da mesma moeda
Matizes sobrepostos
Como realidades quânticas
Duais como o dia e a noite
A luz e o escuro
Revelados pela penumbra
Que encerra essas duas realidades
Morrer ou Viver
Estar em dois lugares
Onipresente sem escolha
Ubíquo como o pensamento
Que não para e viaja
E atravessa os trópicos
E te busca como um radar transcendental
E se te encontra se paralisa
Como a presa diante do predador

E a verdade do chocolate da tabacaria de Álvaro de Campos
De matéria serotoninérgica
Desesperadamente ambígua
Como um pêndulo multidimensional
Que desconhece estes dois mundos
Mas que também trás uma mensagem de esperança
Que amar vale à pena

PROUST E SAMBA

Um caleidoscópio de harmonias
Colore os enlaces de uma dança
Pernas que se mesclam
Sem preconceito e independentes
Flutuam sem consequências e sem covardia

Como madeleines
Corridas do tempo
Presas na memória
Menos materiais e deslocadas
Registros sublimes, fora do presente

Uma voz ecoa em cânticos
Lembra noites inconsequentes
Sem corpo e sem espírito
Baladas hipnotizantes
Como esses escritos incongruentes
Bálsamo de uma beleza impalpável

E através da caixa de Pandora entreaberta
Vislumbra-se em transe a realidade onírica
De um amor que escapa e que se aproxima
Como dois dançarinos em movimentos incertos

Um samba de múltiplas notas
Ressoa com harmonia
Ao te contemplar dançando
Formosa e cândida
Recorda as dançarinas de Degas
Igualmente intangíveis

A reminiscência da nossa humanidade
Em busca do mais importante predicado
Concede textura ao existir
Reinventa o tempo perdido
Emoldurando um amor onímodo

A PERDA DO PASSADO

Lembranças à flor da pele,
Desgarradas
Como epitélio,
Descidas
Pela água do banho,
Dissolvidas
Na espuma do sabão,
Esquecidas
De onde vieram
Sem esperança dos demônios,
Os de Maxwell
Nem de anjos,
Salvadores da entropia

Desbotando as marcas dos dias
Testemunhas de amores,
Sem remorsos
Reveladoras de passados,
Ao acaso
Estrelas caídas no jardim
Flores enfeitando um céu,
O de Dali
Celebração de todos os desconhecimentos
De coisas, corpos e mentes

Minúsculas certezas decorando um mar,
De arcanos
Cordas e mundos paralelos,
Compartilhados
Em sonhos com todos os deuses
Avenidas sem cruzamentos
Em trânsito te perscruto e adivinho
Em busca do tempo,
Emulsificado em bolhas de sabão

Presságios de uma existência
Pouco longa na história,
De um universo
Muito curta na história,
De um amor

ELEGIA DO FUTURO

Vida adivinhando o porvir
Impregnando os caminhos com marcas imutáveis
Superfícies efêmeras de amores quase vividos
A comunhão de almas desenhando implexos corpos

Biografias, que o tempo congela no limiar da queda
Arrebatadas pela ilusória finitude das coisas
O vinho, o ópio liquefazendo a falsa quimera
Teatros injustos e duradouros

Gotas de chuva no oceano ao acaso
Presságio do futuro de todas as moléculas
Coalescidas em uma lágrima divina, somos como elas
Com medo de nos perdermos no mar agitado

Santuário igualmente insustentável
Para jovens outrora apaixonados, sem ilusão
Como moléculas agarradas por leis deste mundo infindável
Mas regidas por preceitos etéreos em transmutação

Sem verdades absolutas
A separação do futuro que une o presente
Ou a bênção do passado emaranhando o futuro
Untada com a goma do olimpo

Delicioso templo destes sentimentos enclausurados em transe
Chave guardada no relicário de nossos segredos mais íntimos e insanos
Fora do tempo, sem amanhã
Fora do espaço, como a mais perdida das lembranças

Feitiço do chocolate que enleva cada parte do eu
Encanto semeado por uma cigana
Destinos selados em um castelo de areia
Que vento nenhum irá desfazer esta aliança

Sem lei, sem código, inefável como o ocaso
E que oceano nenhum irá separar

SCARLETT

Antes de depois de amanhã
Tive um sonho escarlate
Encanto de um ambrosíaco chocolate
Aroma do vinho mais embriagante

Tecido de metamatéria líquida e diáfana
Um sonho, uma ficção, sem limites
Traduz sensações impalpáveis
Em uma noite primaveril

Anjos tresloucados se amotinam
Cúmplices de destinos idílicos
Testemunham teus olhos que me hipnotizam

Olhos irradiam matizes sublimes
Acendem ocultos sentidos
E colorem futuros quase-possíveis

DESCONHECIDA

Parte de um todo, desconhecida
Cingida em tecido de esquecimento
Matizes de um branco esmaecido
Parte outra emurchecida que lamento

Memórias de corpos liquefeitos
Misturados e derretidos
Ressuscitados por milagres ateus
Em cadinhos silenciosos, são urdidos

Falhas, são as lembranças dos teus olhos
Fortes, são os inefáveis sentidos
Pulsam ardentemente sem cores
Agudamente intensos, mas inaudíveis

Para além da quântica, te vislumbro
Talvez um anjo ainda não descoberto
Janelas sutis e inquietas
De onde todas as grandezas insurgem

Para além da física, não há tempo
Onde vida e morte se emaranham
Partes que se emancipam com um alento
Compondo uma procissão que se diz profana

E se a verdade que falta nas partes
Sobra no todo que os deuses celebram
Relíquias de anjos despedaçados
Que todos os saberes proclamam

Se faltam sentidos nestes ditos e desditos
É porque a saudade da lembrança é apátrida
Moradia da dor audaz que antecipa
A mais duradoura das paisagens áridas

Sem tempo, sem espaço e sem cor
Substância quase sem vida
Permanente, sem cheiro e sem dor
Fonte de uma esperança desconhecida

MINHA NAMORADA

Chamego da minha vida plena de amor
Que ilumina o passar dos anos
Estrela das minha noites e manhãs
És Musa para além destes versos amadores

Convido-te para subvertermos as leis da natureza
E estender o nosso enlace para além de todos os tempos
Santuário onde um pássaro se encanta com tua beleza
Espaço eternal para os nossos acalentos

Rosa que exala secretos perfumes
Emprestas à vida a similitude de um jardim estreme
Me tentas com o mais forte brasume

Incito-te a mais uma cúmplice jornada
Buscando ser teu pássaro gêmeo
Minha sábia e eterna amada

PASSADO O TEMPO FUTURO

Da vertigem de cores alucinógenas
Surge um arco íris surreal e provisório
Uma sombra que fica na memória
Iluminada pelo inverno do norte

Dilatada em infinitos retratos
Um quase contínuo de eternas saudades
Aguçam os sentidos
Vislumbrados por um farol errante
Ressuscitam amores perdidos

Mas as estações trazem a impiedosa lembrança
Do verão que segue a primavera
Da singularidade do tempo
Uma mão de areia em um incontável Universo

Futuro tecido do passado
Tatuado no maior dos livros
Em um ponto deste mundo é projetado
Uma história do eu é redigida

ENCONTROS E DESENCONTROS

A chama não se conforma em extinguir-se
Luta desesperadamente contra o fogo que se apaga
E busca na juventude o elixir da vida

Partido no tempo e no espaço
Tento me inspirar em Neruda, Pessoa e Baudelaire
Para juntar alguns dos pedaços
Mas cada um deles encontra-se emaranhado em tis
E quanto te olho
Ou me olho
Ou mil olhos
Encontro um alívio instantâneo

Mas a partida é inevitável e quase cruel
Mas a lembrança te busca
Como a um retrato em série infinita
Como se a realidade fractal do infinito pedaço
Contivesse a estória e o perfume do todo
Sentidos, olhos, gostos e cheiros selecionam
A fotografia da rosa perfumada contendo tua intimidade
Um cheiro apaixonado aprisiona todos os sentimentos
Não sei se falo de ti ou do outro ti, mas a cada um de ti me dirijo,
E de ti me afasto
Os tis tornam-se irreais com a licença que acredito poética
E esta incerteza inebriante
Entrelaçada e não local
Recordam os teus múltiplos olhos
E a saudade dos olhos que não mais tenho
E dos cheiros que já se foram
Ressuscitam a esperança de outrora

WONDERLAND

Em busca da memória de um olhar
Revelador e inebriante
Contendo segredos de mundos impossíveis
Encontro-me na terra dos sonhos

Em desespero quero proclamar um nome
Lembro-me de um samba antigo
Triste e melancólico
Lembranças de histórias desamarradas

Um jardim de esperanças atenua a dor
Imagem de um beijo, de um carinho, de um olhar
Como um "look of love", incerto e passageiro
Mistério das coisas aprisionando o futuro

As partes não somam o todo
Ainda que matematicamente imprecisas, são belas!
Algebricamente inatingíveis, são humanas!

Operadores não lineares e hipercurvos, tensores da vida
Projetam em múltiplos mundos
A incerteza de uma probabilidade do Nós

PASSAGEM DAS ESTAÇÕES

Procissão de vidas mescladas
Sem paradeiros exatos
Compõem estórias de rumos desatados
Buscando sentidos em um teatro de múltiplos atos

Espera! Há luz juntando caminhos
Tecido etéreo que previne o abismo
Almas perdidas em rápidos destinos
Aportam em paraísos infinitos

Lembranças de tardes de verão
Correram a ladeira em fuga
Ao encontro de um outono de paixão

Mas chega o fugaz e impiedoso inverno
Gélido anjo da morte, que sem súplicas
Ceifa uma primavera de amor quase eterna

DESENCONTROS DO TEMPO

A nostalgia de uma estória
Prisioneira de todos os desejos
Mundanos e sublimes
De que tão intensa não se resolve

Uma função de onda não colapsada
Não coube no tempo
Nem no espaço
Que física nenhuma há de explicar

Intangível mas real
Imaterial mas que fere
Uma busca do tempo perdido reinventada
Segue sua trajetória implacável

Dança majestosa de um ballet multifônico
Sem pressa de chegar, sem pressa de findar
E essa roda no quintal do nosso santuário
Nos forja suas marcas com seu giro incansável

Cabelos brancos, rugas, o crescimento dos seres e das coisas
Um eclipse no porvir da existência
Essa estória sem começo nesta tela temporal
Natureza morta, quasi-real

Mas eterna em referência hiperreal
Como um filme de Truffaut
Incapturável em cada uma de suas partes
Avassaladora e envolvente em seu todo

Entrelace que revela uma sabedoria
Tece a história do tudo
A partir do pouco ou do nada

INFINDÁVEL

Dor no corpo e na alma
Espelhos refletindo imagens infinitas
Infindáveis traumas se multiplicam
E que somente um beijo acalma

Amor impossível fora do tempo
Sem espaço e nem vazio seguro
Sem passado e nem futuro
Curto como um trovão intenso

Eterno no peso da saudade
Fugidio como o rastro de um cometa alucinante
Real como o lancinante corte da verdade
E inverídico como a aparição de uma fada brilhante

Busco no labirinto do espaço-tempo a tua imagem perdida
Os teus olhares estelares dos quais sou um satélite esquecido
O teu cheiro de ambrosia tatuado em uma memória remida
Deixa na esquina do destino um rastro transparente e adormecido

Em um sonho da tarde, foi roubada uma paixão
Que em sono profundo, foi deixada ao relento
À espera do despertar por um anjo dolente
Entorpecido na memória de um poeta sem compaixão

DESESPERO

Não consigo cerrar os olhos
Sorvi o teu olhar e ele não me escapa mais
Quero gritar e não posso
Um beijo que receio
Memórias e histórias derramadas
Busco incansavelmente juntá-las
Talvez para te alcançar
Intangível mas tocável
Alucinante mas etérea
Desespero da captura da essência das coisas
Dos pontos geométricos
Que desenham o espaço, a forma, e que percorrem o tempo
Delineando-te com a perfeição dos eventos sublimes
As palavras, que antes eram distantes para te descrever e buscar
Agora se confundem
E se turvam com a memória de um possível futuro
Uma única gota separa o tudo do nada
A sensação de estar de um lado e do outro
Quando há felicidade dos dois lados, ela transborda e sufoca
Quando há tristeza emaranhada, ela exaspera
Forjando muitas vidas em um tecido complexo

OCEANO PÚRPURO

A cor púrpura de um Pomerol divino
Cintilante como uma estrela nova
Me invade e me iça com um olhar felino
Delicioso manjar que meu espírito prova

Emanações de um desejo apaixonado
Mesclas de amor capturado em um alçapão
Colorindo e pervertendo a visão
Tons de lilás em tua pele delgada

Cada pensamento de ti
Abre um oceano de sentimentos
Minúsculas parte da tua beleza que me alenta
Afoga meu ser e o deixa partido

Dança desesperada de um corpo em agonia
Esperança no alívio da dolência
Trazida por bailarinas fugidias
Residentes em terras silentes

Material na prova de teu beijo maleável
Infiltrando-me em teu espírito travesso
Esta mistura de nós urdindo uma única criatura inviolável
Futuros partidos virados ao avesso

Indecente sobreposição de corpos luzentes
Banidos do paraíso por juízes iníquos
Proibidos do inferno por guardiões sapientes
Testemunhas de um amor impregnado e ubíquo

Deixados um ao outro adormecidos
Limbo imaterial em um tempo forjado
Sem memórias de tempos perdidos
Viventes em uma feérica morada

TRAVESSIA

Travessia regada com o mais raro dos Cabernets
Grilhões me prendem ao continente americano
Minha mente não se desgarra de ti
Caminhos fosforescentes, que deixam um rastro
E busco o teu perfume, tua voz, ecos divididos

A consciência da existência se contrapondo a realidade física
Sinto sua presença na distância
Sorrindo, cantando, falando, dançando
Noite primaveril Shakesperiana
E se essas escritas são errantes
Precisas são as lembranças de ti
Deliciosamente ineludíveis

E se a inefabilidade desses sentimentos
Os aprisionam nesse alçapão ardente
Santuário ininteligível
Mas pagão em sua essência
Nestes sonhos igualmente pagãos
Celebra-se esse desejo de teus pés
Que andam, que dançam, que caminham
De mim ou para mim
Para te ter totalmente
Tenho que conquistar primeiro os teus pés
E se não os tenho é por incompetência ou por imerecimento

Mas os teus olhos também não me escapam
Porta de essências
Segredos voluptuosamente ocultos
E este manto que te cobre
Revela uma Deusa
Misto de Vênus e Minerva
Imortalidade do amor e da sabedoria
E é por isso que sigo os teus olhos

Portal dos caminhos por onde passastes
E quando eles me miram
Guardiões dos meus desejos
Me hipnotizam
Mas não canso de olhá-los
Estrelas de extrema grandeza
Anestesiantes do físico
Néctar para todos os males

ARREBATAMENTO

Nem o conforto de mil amores
Nem o ardor do passar dos anos
Emurchece a seiva que nutre com toda a dor
Esta longa viagem humana

Um estado de quase transmutação
Fora do tempo e sem espaço
Em busca incessante do acalento do teu regaço
Sonha com paraísos esmerados
Acorda com sôfrega palpitação

Sentimentos destilados de uma vida fugidia
Derramando por vias inférteis toda esperança
Um anjo acode para remediar tamanha desarmonia
Aproxima Lâmia de Afrodite em formosa aliança

Mulheres encantadas adornadas de flores
Inspiração da criação das coisas e dos seres
Entrelaçamento dos percursos da ciência e dos deuses
Ápice da obra de todos os artesãos e escultores

Como partir para antes de ontem?
Para aquém de todos os cômpitos
Destinos forjados em cadinhos acrônicos
Sabedoria desvelada de uma inebriante fonte

E se as horas antecedem a realidade dos dias
É para revelar a beleza da tua existência
Fermentada em alquímica refulgência
Chama que meu corpo incendeia e que minha alma alumia

SOLIDÃO

A solidão dos meus dias felizes
A solidão dos meus dias tristes
O leque da vida que em um ponto se afunila
Agridoce sabor de coisas perecíveis

A pouca eternidade das coisas e gentes
O éter que nunca existiu deste lado
Apesar de sempre lá ter estado
Trazendo a realidade com suas paredes prenhes

O aquém real desenhando a nossa sina
O além real emprestando gosto as coisas sem vida
A monotonia desses versos quase sem rima
Descontinuam o tempo proscrito

O filme, que para trás ou para frente é passado
E se pelo acaso é parado
E por um programa de computador, modificado
A realidade inexiste para além do fato

Assim como não existe o gato; o de Schrödinger
A dualidade da solução da abertura da caixa que o aprisiona
Também não existe, a não ser como parte de um sonho
Estar lá ou não estar infindo

Nem real é a pergunta
A vida como um conjunto de pacotes de momento?
Irreal a não-pergunta
Espalhando as quânticas sementes

INTERIORES

Hoje sou um pássaro que voa para dentro
Viagem de descoberta do sonho
De encontrar que dentro do sonho
Há mais sonho ao relento

E nas quasi-realidades oníricas
Busco a biografia do passado perdido
Da arte do preto-e-branco tísica
Às armadilhas do colorido

Com seus matizes azulados
Tingem o céu de vida
E projetam seus raios para o passante abandonado
Compondo estórias a serem vividas

E se te advinham madrepérola iridescente
Quase real como imagem
Que refletida infinitamente
Torna-te onipresente

E recordo a tua fragrância indomada
Alquimicamente sábia e indelével
Frescor na minha memória que se revela
Sabor quase antecipado

Assim como um beija-flor errante
Cunha a paisagem em seu voo feérico
As tuas lembranças em mim deslumbrantes
Criam um universo, pequeno e infinito

E neste encontro quase-impossível
Um voo dentro de outro voo sem sentido
Cujo destino é emaranhar o quase imiscível
Antes que acordemos do sonho esquecido

O RETORNO

A aparente harmonia deste lado do universo
Lembram-me de ti, e mesmo de mim
Ao querer te encontrar, procuro a mim
Ao buscar te abraçar, abraço a mim
Ao sonhar te tocar, toco em mim
Este encanto, algo de Deus
Que por mais agnóstico, este meu pensar
Não irá alcançar todo o mistério e apagar
Como a flor não revela a fisiologia
Também multifaceta o encanto
E para além da harmonia
Existe o caos
Desse universo, dessa vida, desses versos "Brownianos"
Erráticos como o destino,
Mas guardiões de uma certeza
Fundida, entrelaçando matérias de natureza não-iguais
E aí me volto a ti, musa única
Também mesclada, multifacetada
O cinzel que te fez não o encontro
Ficou preso em algum lugar do passado (ou do futuro quem sabe?)
Descobri-lo e usá-lo na pedra bruta pode levar a outra de ti (um clone?)
Ou quem sabe alcançar em ti uma imagem especular de mim.

O AMOR, O CARNAVAL E A HORA

Um Amor de Carnaval
Arlequins, Pierrots e Colombinas
Meio século
Encontros com o passado
Escrita relutante, sem saber que língua aderir
Londres se impõe com sua beleza escura, suas chuvas horizontais, seus ventos que arrebatam
Se não o corpo, a Alma
Um ano escorregou pela ladeira
E o meu coração se preocupa
Misto de cérebro e mente
Estendido no varal do dia
Maturando ao sol chamejante
E a hora que demora
É como a brisa que arrefece o calor destes trópicos
E se o tempo se dilata
Suaviza essa caminhada
Aprisionando o futuro em uma caixa de fósforos
Guardando o mistério das coisas em germinação
Mas vem a hora da banda, do bloco ou da escola de samba
Todas têm que passar
E mais uma vez Pandora abre a caixa
E libera todo o fogo da paixão adormecida
Mas ainda guarda a esperança
Impossível de resistir
E só me resta a inelutável corrida
Não de fuga
Mas ao encontro marcado com o destino
Sem Hora, Dia e Tempo

UM POUCO DE TI

Para mim basta um pouco de ti
Não muito, nem nada, só um pouco
Talvez homeopatia
Mas não tão pouco

Pelo menos uma partícula, sem métrica
Representativa de ti
Uma imagem geométrica ou algébrica
Mas que tivesse algo de ti

Uma foto, seja em 4 ou em menos de 2 dimensões
Desde que a pista de ti não seja fugaz
Senão só me resta aceitar com emoção
A ebriedade desse momento tenaz

A realidade se mistura ao sonho
O sonho que dentro de mim vive sem urgir
Devaneios que componho
Que em ti sonham existir

AUSENTE DE MIM

O vazio preenche
Penetra e domina
Avassala e embrenha
Entranha e cala
Silencia os meus dias

E meu corpo deslocado
À deriva neste espaço
Transcendente e agoniado
Elixir que à aguda dor se apresenta

Esse ardor calado e premente
Iminente em suas buscas que escapam do tempo e do espaço
Sereno em sua brisa imaterial
Sem ti quero estar ausente
Anestesia que entorpece e que apressa
O tempo abreviado e deslinearizado
Como parte picotada e rejuntada
E que trazem este amálgama
Joia dos meus nebulosos sonhos
Vida sonhada dentro do caleidoscópio

POEMA INACABADO

Voz melíflua e temerosa
Encanta-me a memória de ter te ouvido
Tépidas mãos
Fugidias e receosas
Que ganham vida ao serem conduzidas na pista ao som da orquestra
Do samba ao bolero
E mesmo a lembrança do futuro que ficou
Como milongas não dançadas
Reafirma a beleza das vidas vividas e sonhadas

Assim como os carnavais sempre precedem as cinzas das quartas-feiras
A paixão antecipa o amor
E um dos segredos da existência
É torná-los atemporais
Os carnavais, a paixão, o amor, e as quartas-feiras
Como na luz das estrelas, na cor do luar e no medo de amar

Para exaltar lembranças de ti
Não deixá-las desvanecer
Igualmente inefáveis e sublimes
Monoangulares e limitadas pelo olhar deste observador
Que arquiteta uma casa transparente por fora
Multicolorida por dentro
Diáfana no seu exterior
Hiperdimensional entre as suas paredes

Um passeio de gôndola pelas ruelas fluidas de Veneza
Cada esquina esconde a transbordante paisagem
A tua fragrância e os teus passos
Alquimicamente sutis e indeléveis
Frescor na minha memória
Sabor redescoberto

E nessa despedida acidulce

Dos poucos dias, de meses corridos, de um ano partido
Convido-te para o novo ano
Profetizado pelo maior dos videntes
No mais santo dos relicários

LUMIAR

Luz intensa incansável
Grito brilhante incessante
Ecoa sem fim
Marcando o fim do começo
Trilha minúscula destas memórias sem rumo

Sabor de um beijo partido
Lábios que não cansam
Emudecem ao toque
Eternamente defloráveis
Silenciam a crueldade do amanhã

Insaciáveis sabores com medo de findar
Transmutados ao avesso
Revelam toda a intimidade
Fonte do néctar de Eros
Confissão das minhas mil e uma noites

Sonhos de lembranças sonhadas
Cansadas de limbos paradisíacos
Estendem o passado neste crepúsculo
Guardiões de parte do mistério
Celeiros de causas perdidas

Esquecidas do lado de fora
Flores de minha jornada inquieta
Desenham danças de noites passadas
Apenas uma bastaria
Suficiente para esta curta e apaixonada existência

ANIVERSÁRIO

E se, o horizonte vermelho
Destes mares onde sul e norte se defrontam
Se dobrassem em infinitas vezes
Encurtando essa distância a quase um ponto

E se, imaterial fosse esse ponto
Desprovido de toda a dimensão
Reduzisse-nos a um emaranhado em vão
Como um entrelace onírico de um conto

E se, subvertidos espaço e tempo
Encontrasse a musa neste santuário
Efêmero por fora, inesgotável por dentro
Simplesmente te desejaria um luminoso aniversário

VÍCIO VIRTUOSO

Olhos em busca do infinito
Questionam os meus gestos com brandura
Encerram segredos intranscritos
Imersão em um misto de sabor e amargura

Princesa deificada de tez arrebatante
Delírio que meu corpo enleva
Embriaguez que meu coração atrégua
Dos deuses te roubei como amante

Encerras o sorriso de uma sereia
Com graça e magia me desvaira
Delícia de tormenta que ao meu corpo ampara
Néctar que nutre o desejo e que o amor semeia

Deleite de um vício apaixonante
Repositório de crenças pagãs e sagradas
Permanente como um diamante
Frágeis e raras rosas encantam a tua morada

Quintessência decantada de sonhos impuros
Em uma realidade ubíqua e fractal
Musa de grácil textura
Regas com esperança e graça este mundo material

AUSÊNCIA

Lá fora, está um anjo a despertar
Com a fragrância de um paraíso perdido
Sonhos embaraçam futuros desmedidos
Mar onde meu corpo se liquefaz

Uma imagem perdida e aérea
Encanta um viajante acidental
Como o toque de um mago genial
Desmonta os abismos das eras

Uma história de conto de fadas não desvendada
Descortina-se em minha mente
Esquecida nos livros de uma velha loja inevidente
Um milhão de romances são descortinados

Minha ligação a um universo pleno de velocidade
Pelas inalcançáveis palavras líricas de uma deusa
Em busca dos mais preciosos versos da Natureza
Revela-se um amor contra todas as probabilidades

HORIZONTE

Espetáculo de uma tarde de verão
Um horizonte que encerra muitos passados
O tempo diluído em um mar com imersas visões
Vidas, mortes e amores trespassados

Beleza que uma história encerra
Memória que uma mente obscurece
Destinos traçando a tênue linha entre o céu e a terra
Alívio para as dores que todos padecem

Um barco cruza o oceano na mais resoluta direção
Titubeia, tenta resgatar amores naufragados
Mas a algoz flecha do tempo não tem compaixão
E oferece o elixir de prazeres facilmente olvidados

O mar com suas ondas, nem prófugas, nem perenes
Aprisiona a vida e a morte
Guarda o frágil equilíbrio de coisas e de gentes
Onde sábios e mágicos buscam prever a sorte

ESTRELA DA TARDE (JANELA 15A)

Um pouco de tudo há de existir
No horizonte desta janela
Pedaço de tempo escondendo as mazelas
De corpos e almas aguardando o porvir

Uma estrela da tarde há de brilhar
Por trás da claridade solar que a tua luz sombreia
Caverna que meus olhos buscam vislumbrar
Fruto insípido e sem cor que esconde toda beleza

Para além da existência da vida e dos mundos
Aquém de todas as certezas dos sábios
Uma flor madura jaz neste jardim de nuvens
História que um Anjo registra nos seus alfarrábios

Um pássaro invisível cruza o horizonte
Perturbando a sua imutabilidade senil
Destino que a esperança encontra
Para longe afasta o medo mais hostil

Vibrações: Luminosa de um infante dormente,
Sonora de uma jovem em flor
Meio refletidas nessa janela semi-transparente
Emolduram uma natureza com gotas de amor

SEMSENTIDODESIMESMO

Na lousa branca, um ponto paira perdido
Sem significado e sem pergunta real
Um início ou um fim é esculpido
Nas páginas de um destino atemporal

Um universo irreal e aberto
Uma vida decorando uma natureza morta
Trajetos ainda não descobertos
Pergunta para onde ir sem resposta

Matéria de mundos reais ou imaginários
Habitados por gentes ou anjos despidos
Que buscam não serem esquecidos
Por seres ou deuses fleumáticos

Frágeis lembranças de uma noite à deriva
Misturados em um caldeirão de um louco mago,
Talvez menos louco e mais sábio
Incerteza fundamental que impregna uma vida

Do medo de amar e de morrer
De durar sem existir
De viver sem sofrer
De sonhar sem dormir

PARALELO

Destinos que se encontram no infinito
Ou quase
Por pouco, se esbarram
As leis físicas desmoronam
Impiedosa realidade de sonhos desencontrados
Ajustam a velocidade, a aceleração
Mas o tempo deslinealiza
O espaço adimensiona
Para depois seguir pulsando entre zero e o infinito
Estes instantâneos de universo que embriagam
Trazem uma quase onisciência
De coisas, mundos e almas

vidAMORrte

Presente da minha querida princesa
Um título ousado e cheio de sentido
Traduz os dogmas que nos permeiam
Emaranha os significados quase perdidos

Traz a nostalgia do tudo passado
Digital impressa na face da lua
Vidas e amores encriptados
Infinitos arcanos a espera de um sábio arguto

Talvez a sabedoria de mil doutores
Ou a clarividência de todos os sacerdotes
Hão de desenredar essa teia de amores

Incessante tempo além da morte
Enlevo que atenua todas as dores
E traz beleza para o aquém da vida

SONHOS DE UM MUNDO

Recorrentes memórias da infância
Reconciliam as dores das incertezas futuras
Trajetos e imagens de uma criança
Colorem as mais amargas agruras

Um ano, dez anos, cem anos finitos
Irreversível seta do tempo, que seu leito
Um mundo, mil mundos, bilhões de mundos alberga
Povoados pela beleza de neurônios, em bilhões infinitos

Um encanto de um anjo sagaz
Desdimensiona o espaço na bilionésima parte de um nanômetro
À procura da síntese de todas as coisas em um inefável ponto
Um ancião chora o seu destino fugaz

Não por medo de morrer, mas por medo de deixar de sonhar
Com um Deus emoldurando vidas ideadas
Não importa se crido, real ou inventado
Estética do mais agradável cheiro e do mais intenso olhar

O desabrochar de uma rosa acorda toda a metafísica olvidada
Compartilhado jardim colonizado por arcanos
E o sonho do teu olhar brilhante
Ilumina os difíceis caminhos deste refugiado

Te olho, mil olhos, todos os olhos
Os que vejo e os esquecidos
Olhos perdidos na longa noite de um inverno austral
A lágrima de um mulher traz todo o sentido

MAGIA VERMELHA

A cor flamante de um inesquecível vinho
Arde deliciosamente a alma
Aroma delicioso que o corpo exalta
E o inflama com permanentes taninos

Feitiço que incendeia a solidão
Trespassa a realidade inundando-a de sonhos efêmeros
Como o teu olhar, que embriaga a razão
Acalenta o peso dessa frugal existência

Talismã que cicatriza a perda do tempo
Mescla com todas as cores os cinzas dessa estrada
Suaviza os lábios quase dolentes

Traz os encantos da primavera olvidada
Antecipa a saudade da mulher amada
Encanta a paisagem com amores transientes

MELANCOLIA INVISÍVEL

Sonhei um sonho inverosímil
Menos real que todos os sonhos
Envidraçado em cores sutis
Como esquecido em um livro de mil contos

Abandonado por uma órfã maternidade
Perambulo pela imaterialidade das coisas
Como que transcrito de um conto despedaçado
Sem compromisso com todos os epílogos

Marcas impressas de calor na alma
Emprestam vida aos óbices do caminho
Permeado pela febre passageira e alta

Estrela sem luz que a sabedoria acovarda
Volta e meia perdida na esquina do destino
Que exalta uma vida ilusória e bastarda

SEDE

Sem você, todo esse tempo
Vazio de espaço, sem corpo e sem alma
Infinda escuridão de desejos áureos
Antecipam uma existência solene

Como uma antena perscrutando outro mundo
Junto os pedaços neste louco sonho
Teu olhar me arrebata para um lugar único
Povoado por duendes de um idílico conto

Sem matéria, um ser em gestação
Ainda sem uma existência final
Fascínio do encontro matinal
Adornado por um caleidoscópio de paixão

Para além de toda a vida
Como se não existisse o fim de tantas histórias
Bebo a humanidade com uma sede infinita
Sorvendo o néctar dessa terra esplendorosa

Espreitando o amanhecer dos fatos
Amalgamados em curvas do destino
Compõem histórias de sonhos despertados
Esculpindo quimeras em um reator divino

Como a mater-raís do todo de nós
Arquitetando uma lenda de amor
Somos só isso, um evento em seu esplendor
Uma solitária e refulgente fábula amorosa

ESTRELA DO ORIENTE

Busca do que se foi para perto
Longe do perdido da memória
Imagens tempo no espaço despertam
Rede de estrelas, de vazios de hora

Criação do todo a partir do nada
Coroando existências sem remorsos
Místicas que nos abraçam
Deidades e quarks que nos adoçam

Beleza de uma flor, beleza de uma equação
Uma traduz a outra com elegância
Paredes que cerceiam a imaginação
MultiLabirintos da vida em sua infância

A plenitude das coisas descendo pelas encostas
De paisagens ainda sem porvir
Uma gota de átomo nesse oceano sem respostas
Sem saber, sem crer, mas com todo encanto do existir

Agradeço ao poeta Caio Meira pela revisão paciente e crítica deste livro. Agradeço a todos os amigos que me estimularam a lançar este livro de poemas. Não poderia deixar de agradecer à minha família, aos meus pais Hugo e Janete, aos meus alunos e colaboradores na UFRJ, FAPERJ e no mundo, e aos meus mestres. Cada um de vocês tem iluminado o meu caminho na busca do conhecimento e da poesia.

Este livro foi composto em Minion
e impresso no outono de 2016